Inge M…

UND DAS NENNT IHR MUT?

Bearbeitung: Iris Felter
Illustrationen: Bonnie Poulsen

GEKÜRZT UND VEREINFACHT
FÜR SCHULE UND SELBSTSTUDIUM

Diese Ausgabe, deren Wortschatz nur die gebräuchlichsten deutschen Wörter umfasst, wurde gekürzt und in der Struktur vereinfacht und ist damit den Ansprüchen des Deutschlernenden auf einer frühen Stufe angepasst.

Dieses Werk folgt der reformierten Rechtschreibung und Zeichensetzung

Herausgeber: Ulla Malmmose
Umschlagentwurf: Mette Plesner
Foto: SilviaJansen/iStock

© 1997 by Ravensburger Buchverlag Otto Maier GmbH,
Ravensburg (Deutschland)
und EASY READERS, Copenhagen
- a subsidiary of Lindhardt og Ringhof Forlag A/S,
an Egmont company.
ISBN Dänemark 978-87-23-52965-7
www.easyreaders.eu
The CEFR levels stated on the back of the book
are approximate levels.

Easy Readers
EGMONT

Gedruckt in Dänemark

BIOGRAFIE

Inge Meyer-Dietrich, geb. 1944, schreibt überwiegend für Kinder und Jugendliche. Viele ihrer Erzählungen, Märchen und Gedichte sind in Zeitschriften und Anthologien veröffentlicht worden.

Sie hat für ihre Bücher viele Preise erhalten. 1995 wurde sie für ihr Gesamtwerk mit dem »Literaturpreis Ruhrgebiet« ausgezeichnet.

In Schreibwerkstätten und Workshops zu Kinderliteratur arbeitet sie mit Themen wie »Kindheit und Tod«, »Vom Umgang mit Gefühlen« und »Fremdsein in Deutschland«.

Menschen, die noch im Aufbruch sind, interessieren sie besonders.

1. Sieht so ein Dieb aus? 5
2. Drei Kinder sind zu viel
   für eine Familie. 11
3. Nur eine Mutprobe. 13
4. Der neue Schüler. 18
5. Wer hat dich so geschlagen? 23
6. Krankenbesuch. 27
7. Weihnachtsgruß von den Sharks. 30
8. Ich habe geklaut, ich Vollidiot! 35
9. Mein Vater erlaubt das nie! 38
10. Ein neues Jahr beginnt. 41
11. Ich freue mich nicht auf die Schule. .. 46
12. Hier wohnt ein Dieb! 47
13. Und das nennt ihr Mut? 54
14. Ich bin nicht mehr allein. 56

Sieht so ein *Dieb* aus?

Andis Hände stecken tief in seinen Jackentaschen. Der Himmel ist grau von Schneewolken. Immer wieder landen nasse *Flocken* auf Andis Gesicht.

Er wird in der Fußgängerzone hin und her *geschoben*. Aus den Geschäften kommt Weihnachtsmusik. Gegenüber dem Kaufhaus spielen junge Leute auf Instrumenten, die Andi nicht kennt.

Es hört sich gut an, aber niemand bleibt bei den Musikern stehen. Nur wenige Münzen liegen in dem Hut am Boden. Die Leute hier in der Fußgängerzone sehen und hören nichts. Sie kaufen wie verrückt.

Das ist gut, denkt Andi. Das ist gut, wenn das Kaufhaus voll ist! Andi merkt erst jetzt, dass er schon vor dem Haupteingang steht. Er lässt sich mit den vielen Menschen hineinschieben.

»Pass doch auf!«

Die Frau, die so schreit, hat die Hände voll

---

der Dieb, jemand, der ohne Erlaubnis oder ohne dafür zu bezahlen etwas nimmt
die Flocke, eine ganz kleine weiche Masse, hier aus Schnee
schieben, durch Drücken in Bewegung setzen

Tüten. Andi kann den kleinen Jungen gerade noch auffangen.

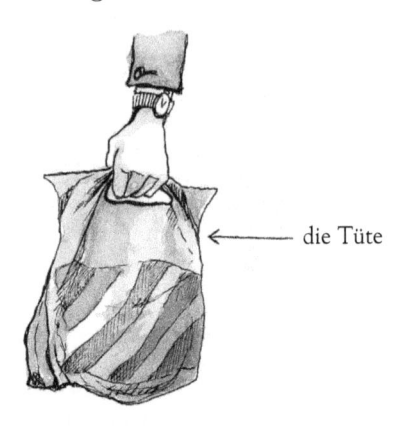

← die Tüte

»Heul nicht!«, *schimpft* die Frau mit dem Kind. »Auf der Rolltreppe musst du aufpassen!«
5 »Er ist doch noch klein«, sagt Andi.
»Klein? Er ist drei. Und er hat ja wohl Augen im Kopf!«, sagt die Frau mit dem Jungen.
Drei, denkt Andi. Bennie, sein kleiner Bruder, ist auch drei. Aber mit Bennie wird nie so geschimpft.

Im dritten Stock kennt Andi sich aus. Hier gibt es Computer, Fernseher, CD-Player und Walkmen. Bei den Videospielen *hängen* viele

---

die Tüte, siehe Zeichnung
schimpfen, böse Worte laut sagen

Kinder *herum*. Die beiden Verkäuferinnen sehen total *genervt* aus.

Heute verkauft hier auch ein junger Mann. Andi hat ihn noch nie gesehen. *Aushilfe*, das merkt man. Er hat keine Ahnung, muss immer wieder die Verkäuferinnen fragen. Gerade nimmt er zwei teure Walkmen aus einem Glasschrank. Eine junge Frau *guckt* sie *sich* gründlich *an*, geht aber dann mit einem billigen Walkman zur Kasse.

Die Aushilfe hat jetzt eine neue Kundin und die beiden teuren Walkmen stehen vergessen neben dem Glasschrank.

Andi *schwitzt*. Gleich, denkt er, gleich. Noch einmal. Nur noch heute. Dann habe ich es geschafft!

Andi zieht den *Reißverschluss* seiner Jacke ein bisschen nach unten. Gut, dass die Jacke weit genug ist.

Er versucht, näher an die Walkmen zu gehen. Wenn er nur nicht so unruhig wäre!

---

herumhängen, Jugendsprache: ohne Lust und Energie irgendwo sitzen oder stehen
genervt, Umgangssprache: verärgert, weil es zu viel zu tun gibt
die Aushilfe, Mitarbeiter für kurze Zeit
sich etwas angucken, etwas genau ansehen
schwitzen, wenn die Haut feucht wird, weil man Angst hat oder weil es heiß ist
der Reißverschluss, siehe Zeichnung seite 8

der Reißverschluss

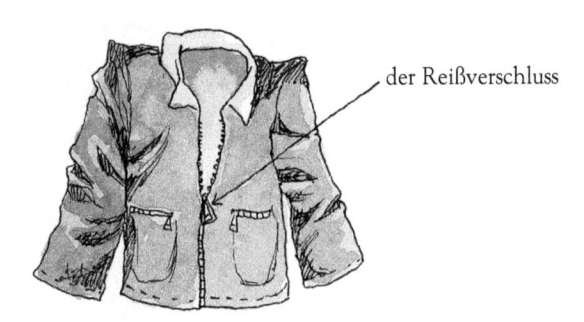

Ich brauche doch keine Angst zu haben, denkt er. Bis jetzt ist es immer gut gegangen. Warum sollte es heute nicht?

Er guckt sich verschiedene CD-Player an und dreht die Preisschilder herum. Kein Mensch bemerkt ihn. Und schon hat er einen Walkman unter seiner Jacke.

Nein, jetzt nur nicht weglaufen. Immer cool bleiben. Nicht auffallen! Sein Herz soll nicht so laut klopfen. *Verdammt*! Er muss ganz langsam gehen.

Andi sieht sich in einem großen Kaufhaus*spiegel*. Sieht so ein Dieb aus? Aber ich bin doch kein Dieb! Normalerweise nicht.

Drei Walkmen in einer Woche musste ich versprechen. Jetzt gehöre ich zu Mike. Zu seiner Gang. Früher hieß das Bande. In Amerika sagen sie Gang. Mike liebt Amerika. Er hat

| *verdammt*, Ausruf, um großen Ärger auszudrücken

der Spiegel

auch den Namen für die Gang ausgesucht: Sharks.

Die Rolltreppe bringt Andi einen Stock tiefer. Niemand folgt ihm. Er kann den Walkman
5 unter seiner Jacke gut mit einer Hand festhalten. Lange dauert es, bis man wieder aus dem Kaufhaus hinausgeschoben wird.

Er kommt in die Abteilung für Schreibwaren. Hier ist es voll von Menschen. Alle
10 suchen Weihnachtskarten aus und Geschenkpapier.

»Halt, hier geblieben! Das gibt es doch nicht!«

Andi kann nicht weiter, aber auch nicht
15 zurück. Neben ihm wird ein alter Mann von einem Ehepaar festgehalten. Der Alte versucht *sich loszureißen.*

»Stehen bleiben!«, schreit die Frau.

Es ist so spannend wie im Fernsehen. Die
20 Leute vergessen sogar ihre Weihnachtskarten. Alle *starren* auf den alten Mann, der etwas in der Hand hält.

»Ich habe es genau gesehen«, sagt die Frau. »*Alleskleber*, eine grobe Flasche hat er *geklaut.*«

sich losreißen, sich mit Anstrengung von etwas befreien
starren, lange mit großen Augen auf etwas sehen
der Alleskleber, Flasche mit Klebstoff
klauen, etwas ohne Erlaubnis oder ohne dafür zu bezahlen an sich nehmen

Der alte Mann sieht aus, als würde er gleich weinen. Dann kommt der Hausdetektiv. Er schiebt die Leute, die ihm im Weg sind, einfach beiseite. Das hat er schon öfter gemacht, denkt Andi. Er schwitzt wieder.

»Kommen Sie bitte mit!«, sagt der Hausdetektiv. Es klingt wie ein Befehl. Andi hält den Walkman unter seiner Jacke fest.

»Sie wissen, dass wir jeden Diebstahl *anzeigen*«, sagt der Detektiv laut. Der alte Mann *duckt sich*, als wenn ihn jemand schlagen wollte.

Das gibt es doch nicht, denkt Andi. Sie können ihn doch nicht so fertig machen. Andi hält den Walkman so fest, dass ihm die Hand weh tut.

Bloß weg hier, ganz schnell!

Drei Kinder sind zu viel für eine Familie

Er lässt sich einfach wieder mitschieben. Erst an der Martinskirche merkt er, dass er in die falsche Richtung geht.

Er sieht auf die Uhr. Viertel vor vier. Um vier treffen sich die Sharks bei Rolf. Vorher nach Hause gehen lohnt sich nicht. Was soll er da auch?

anzeigen, bei der Polizei melden
sich ducken, den Kopf beugen und sich kleiner machen

Mama würde nach den Schulaufgaben fragen. Und natürlich sind die noch nicht fertig.

Warum verstehen seine Eltern nicht, dass er anders ist als Kerstin? Sie schafft die Schule
5 leicht. Sie hat immer schon mehr Glück gehabt als er.

Seine Eltern hätten ihn ruhig weglassen können. Drei Kinder sind zu viel für eine Familie.

10 Er kommt an einem Geschäft mit Spielwaren vorbei. Sein Blick bleibt an einem *Feuerwehrauto* hängen. Dabei sind doch so viele andere

das Feuerwehrauto

Sachen im *Schaufenster* ausgestellt. Andi will nicht an das rote Feuerwehrauto denken. Und
15 an Bennie schon gar nicht.

»Räum doch bitte die Spielsachen auf«, hat seine Mutter gestern wieder gesagt.

»Ich?«, hat Andi gefragt.

»Wer denn sonst?« Seine Mutter war total
20 genervt.

| *das Schaufenster*, großes Fenster mit Waren zum Ansehen und Kaufen

»Ist ja gut«, hat Andi gesagt. Aber warum soll er immer Bennies Spielsachen aufräumen?

Das rote Feuerwehrauto lag da mitten zwischen den anderen Sachen. Es war Bennies Lieblingsauto. Mama war gerade in der Küche. Da ist Andi einfach auf das Feuerwehrauto getreten. Zweimal. Ganz fest. Dann hat er das kaputte Auto unter das Bett geschoben.

Bennie fing später an zu schreien.

»Nicht weinen«, beruhigte ihn Mama. »Es ist doch bald Weihnachten. Da darfst du dir noch etwas wünschen.«

»Mein Auto!«, hat Bennie geheult.

Als Andi sein Weinen hörte, hätte er das Feuerwehrauto gern wieder repariert. Aber das ging nicht mehr. Er ist schnell in sein Zimmer zurückgegangen.

Niemand weiß, was mit dem Feuerwehrauto passiert ist. Und niemand weiß, was Andi diese Woche im Kaufhaus gemacht hat.

Nur eine Mutprobe

Die Sharks treffen sich immer bei Rolf. Seine Eltern arbeiten beide und kommen nie vor sechs Uhr nach Hause.

Björn und Klaus stehen schon vor der Tür, als Andi kommt. Nur Mike fehlt noch. Mike, der Chef. Eigentlich heißt er Michael.

Meistens findet Andi Mike ganz toll. Was er
5 *sich* alles *traut*! Und wie cool er immer ist, egal, was passiert.

Mike und Andi sind in einer Klasse. Die Lehrer schimpfen dauernd auf Mike. Doch bei den Schülern ist Mike der King. Andi war
10 überrascht, als Mike fragte, ob er in seiner Gang mitmachen will. Er sollte nur nicht auf die Idee kommen, anderen etwas über die Sharks zu erzählen. Dann würden sie *ihm die Fresse polieren*.

15 Andi *erschrak* und wusste nicht, was er sagen sollte. Er wollte doch so gern dazu gehören.

Jetzt kommt Mike mit seinem Mountainbike um die Ecke gerast. Er bremst. Springt ab. Cool wie immer.
20 »*Mistwetter*.«

Er wischt sich den Schnee aus dem Gesicht.
»Worauf wartet ihr denn?«
»Auf dich, Chef!«, sagt Björn. Rolf macht die Tür auf. Im Haus ist es wenigstens warm.

---

sich trauen, Mut haben
jemandem die Fresse polieren, Umgangssprache: jemanden verprügeln
erschrecken, Angst bekommen
das Mistwetter, Ausruf, um Ärger über schlechtes Wetter auszudrücken

Als Erstes legt Andi den Walkman auf den Tisch.

»Hey«, sagt Mike. »Aus dir kann ja noch etwas werden. Drei in einer Woche. Gut! Und immer im selben Laden. Wer hätte das gedacht!«

»Das ist sogar einer von den teuren!« Rolf guckt sich den Walkman genauer an. »Sind die nicht in einem Glasschrank?«

»Der Verkäufer hat vergessen, den Glasschrank wieder zuzumachen«, sagt Andi. »Und?«, fragt er, »wer von euch soll ihn haben?«

»Was? Wer von uns?« Mike lacht. »Wir haben doch alle längst einen.«

»Warum sollte ich dann die Walkmen klauen?« Andi wird *wütend*.

»Warum? Warum?« Mikes Stimme klingt scharf. »Sharks fragen nicht. Sie tun, was ich sage. Das ist eine Mutprobe!«

Andi *zittert* vor Wut.

»Komm, bleib cool, Kleiner!«, sagt Mike. Die anderen lachen.

»Du Idiot!« Andi nimmt die Plastiktüte mit dem Walkman und knallt die Haustür hinter sich zu.

---

wütend, böse
zittern, aus Angst oder Kälte schnelle, ganz kleine Bewegungen machen

Er hat immer noch ihr Lachen im Ohr. Sie wollen ihn gar nicht wirklich. Sie brauchen bloß einen, mit dem sie ihren Spaß haben können.

Mutprobe. Wozu? Ihm ist zum Heulen.

Und was soll er jetzt mit den drei Walkmen machen? Er kann ja nicht einmal einen für sich behalten. Obwohl er ihn gut gebrauchen könnte. Seiner läuft schon lange nicht mehr richtig. Andi denkt an die beiden anderen Walkmen, die er im Keller versteckt hat.

»Behalt sie erst mal bei euch zu Hause, bis du alle drei zusammen hast«, hatte Mike am Montag gesagt. Oh Mann! Andi beißt sich auf die Lippe. Die vier lachen sich vielleicht immer noch kaputt über mich.

Andi steht wieder vor dem Kaufhaus. Und wieder lässt er sich hineinschieben. Nur ein Stück. Er geht zum Fotokopierer. Sieht sich vorsichtig um. Stellt die Plastiktüte am Boden ab.

Die Leute sehen nichts. Nachher wird jemand eine Plastiktüte mit einem neuen Walkman finden und sich wundern. Hoffentlich gibt er die Tüte bei einer Verkäuferin ab. Wenigstens einen von den geklauten Walkmen ist er wieder losgeworden.

Zu Hause steht die Wohnzimmertür offen. Die ganze Familie sitzt um den Tisch mit dem *Adventskranz*. Andi kann nicht ungesehen an

der Adventskranz

der offenen Tür vorbeikommen. Leider nicht.
»Hast du deine Schulaufgaben gemacht?«, fragt sein Vater.
»Noch nicht ganz«, sagt Andi leise.
Mama guckt ihn an. Und Andi wünscht sich wieder einmal, keine Familie zu haben.

In seinem Zimmer schmeißt Andi sich auf das Bett. Als ob er jetzt Schularbeiten machen könnte. Mit so einer Wut! Wut auf die Sharks und auf die Familie.
Und dann ist auch noch das Matheheft voll. Andi reißt die Seiten heraus und lässt sie in den Papierkorb fliegen.
Langsam wird seine Wut kleiner. Und dann, dann träumt er sich weg. Er träumt sich weg von seiner Familie und von den Sharks. Er ist

nicht mehr Andi. Er träumt von richtigen Freunden. Eine Familie hat er nicht. Er braucht auch keine.

Ein neuer Schüler

Am anderen Morgen kommt Andi als Letzter in das Klassenzimmer. Er wollte von den Sharks nicht schon auf dem Schulhof gesehen werden. Wenn er nur an sie denkt, kommt gleich wieder die Wut in ihm hoch.

Ob die Sharks jetzt mit ihm fertig sind?

Vielleicht suchen sie schon jemand anders. Einen, mit dem sie es auch wieder so machen wie mit ihm. Oder vielleicht einen, der besser zu ihnen passt? Und er, Andi, war dumm genug zu glauben, sie wollten ihn wirklich in ihrer Gang haben.

Ohne nach rechts oder links zu gucken, geht Andi zu seinem Platz. Da liegt ein *Zettel*. Andi rührt ihn nicht an.

Erst als Herr Becker sagt, dass sie die Hausaufgaben hervornehmen sollen, dreht er den Zettel herum und liest:

»**Pass auf deine Fresse auf!**«

Gut, dass Herr Becker da vorne steht. Während des Unterrichts ist Andi sicher.

| *der Zettel*, siehe Zeichnung auf Seite 19

der Zettel

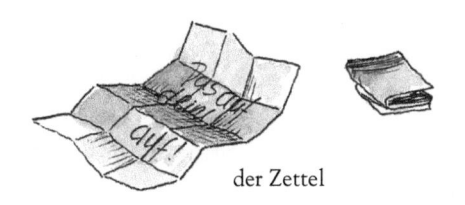

Aber nach der Schule kann Herr Becker ihm nicht mehr helfen.

Mitten in der Stunde klopft es. Der Direktor kommt mit einem fremden Jungen herein.
»Hier bringe ich euch Henner Marten. Ich hoffe, ihr nehmt ihn gut auf für den Rest des Schuljahres.« Schon ist der Direktor wieder draußen.
Herr Becker gibt Henner den Platz neben Andi.
Der sieht ja aus wie ein Mädchen, denkt Andi. So lange Haare. Und ausgerechnet neben mir muss er sitzen.

Alle gucken auf den Neuen. Aber der *gähnt* nur.
Jemand ruft: »Henner! *Penner*!«
»Halt den Mund, Mike«, sagt Herr Becker.

gähnen, vor Müdigkeit den Mund weit aufmachen
der Penner, spöttischer Ausdruck für jemand, der schläft und nicht aufpasst

Als es zur großen Pause klingelt, sucht Andi lange in seiner Schultasche. Er merkt, dass Henner eine Weile neben ihm stehen bleibt. Aber Andi will nichts mit Henner zu tun haben. Wenn er an die Sharks denkt, hat er schon wieder Herzklopfen.

Er geht als Letzter aus dem Klassenzimmer.

Allein steht er in einer Ecke des Schulhofs. Er hat gestern Abend nichts mehr gegessen. Und heute Morgen konnte er nichts herunter*kriegen*. Trotzdem kann Andi sein Schulbrot nicht essen.

Die Sharks stehen mitten auf dem Schulhof. Manchmal gucken sie zu ihm hin. Andi hört ihr Lachen. Die lassen mich bestimmt nicht in Ruhe, denkt er.

Er geht für den Rest der Pause auf das Schul*klo*. Ihm wird fast schlecht.

Als er wieder in die Klasse kommt, liegt der zweite Zettel auf seinem Tisch:

»**Warte nur! Weißt du, was mit Leuten geschieht, die in Kaufhäusern klauen?**«

Andi will den Zettel wegschmeißen. Aber er traut sich nicht. Solche Idioten. Erst bringen sie ihn zum Klauen, und jetzt *drohen* sie ihm deswegen.

kriegen, Umgangssprache: bekommen
das Klo, Klosett
drohen, Angst machen

Herr Becker teilt die Hefte aus. Andi hatte vergessen, dass sie heute einen *Aufsatz* schreiben sollen.

»Ein Tag, den ich nie vergessen werde.« Das Thema steht groß an der Tafel.

»Es kann ein guter Tag sein oder ein schlimmer«, sagt Herr Becker. »Wichtig ist nur, dass ihr genau eure Gefühle beschreibt.«

Andi starrt auf die Tafel. In seinem Kopf sind viele Bilder. Und er hat viele Gefühle. Aber darüber kann er nicht schreiben. Es gibt genug Tage, die er nicht vergessen wird. Aber das darf keiner wissen.

Andi versucht an schöne Tage zu denken. Die Ferien bei seiner Oma, bevor sie gestorben ist. Das waren schöne Tage. Und die Ferien früher, als sein Vater ihn noch mochte. Als Andi noch nicht der Dummkopf in der Familie war.

Er sieht die Bilder von früher vor sich. Doch er findet die Gefühle nicht mehr. Etwas Kaltes ist darüber gefallen.

Seine Angst, die könnte er beschreiben. Und seine Wut und wie allein er sich fühlt. Aber dann müsste er auch von seiner Familie erzählen. Und über die Sharks schreiben. Das

| *der Aufsatz*, ein Text über ein Thema

geht nicht. Das geht nicht einmal bei Herrn Becker.

Andi friert, aber sein Kopf ist heiß. Vielleicht werde ich krank, denkt er. Hoffentlich werde ich richtig krank und muss in ein Krankenhaus.
»Was ist mit dir los?«, fragt Herr Becker. »Du hast ja nichts geschrieben.«
»Mir ist nichts eingefallen.« Andi spricht leise und guckt dabei auf die Wand.
»Mit dir stimmt was nicht, Andi. Aufsätze sind doch sonst deine Stärke.« Mehr sagt Herr Becker nicht.
Einen Augenblick denkt Andi, dass er das Kalte vielleicht von ihm wegnehmen kann. Er möchte, dass sein Lehrer alles weiß. Aber es geht nicht. Es gibt Sachen, die kann man nicht sagen.

Herr Becker wartet endlos lange.
»Ich sehe schon, du willst nicht darüber reden«, sagt er dann. »Aber du kannst mich immer anrufen.« Seine Stimme klingt warm.

Wer hat dich so geschlagen?

Der Schulhof ist leer. Andi geht langsam. Er friert immer noch. Sein Kopf ist immer noch heiß. Und dann, an der Straßenecke stehen sie plötzlich da. Alle vier.
Mike schlägt als Erster auf ihn ein.

Als Andi nach Hause kommt, ist sein Gesicht *geschwollen*.
»Mein Gott, wie siehst du denn aus!« Seine Mutter starrt ihn an wie einen Fremden. »Was ist geschehen?«
Andi antwortet nicht.
»Das fehlt gerade noch, dass du dich prügelst.« Seine Mutter ist verärgert.
Andi bleibt stumm. Er kann den Mund nicht aufmachen. Ihm tut alles weh. Er geht in sein Zimmer und legt sich ins Bett.
Bald schläft er ein.

Abends kann er sein rechtes Auge nicht mehr aufmachen. Auch das linke geht nur ein bisschen auf.
»Was ist das jetzt für eine Geschichte?«, will sein Vater wissen.

---

schwellen, hier: dick und rot werden

Andi antwortet nicht.
»Lass ihn, ich glaube, er ist richtig krank«, sagt Mama. Sie legt vorsichtig ihre Hand auf Andis *Stirn*.

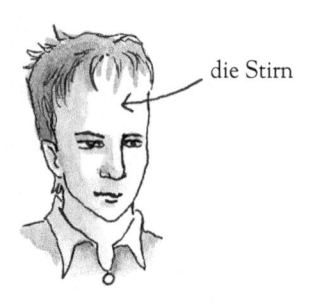

die Stirn

⁵ »Er hat *Fieber*. Ich rufe den Arzt an. Komm.« Sie gehen leise aus dem Zimmer.

Andi hat Kopfschmerzen, Rückenschmerzen und schrecklichen Durst. Seine Lippen sind trocken, als er mit der Zunge darüber fährt.
¹⁰ Endlich schläft er wieder ein.

Eine Stimme weckt Andi auf. Der Arzt untersucht ihn vorsichtig.
»Wer hat das getan?«
Andi zieht die Schultern hoch.
¹⁵ »Hast du dich mit deinen Klassenkameraden geprügelt?«

| *das Fieber*, zu hohe Körpertemperatur

Andi *schüttelt den Kopf*. Jede kleine Bewegung tut weh.

| *den Kopf schütteln*, durch Kopfbewegungen Nein sagen

»Dann waren das Fremde?«

Andi nickt.

»Ich werde das bei der Polizei anzeigen«, sagt der Arzt. »Morgen komme ich wieder vorbei. Und ich lasse dir etwas hier, damit du wieder einschlafen kannst.«

Ganz vorsichtig streicht Mama die kühlende *Salbe* in Andis Gesicht. Und sie gibt ihm die Schmerztabletten. Trotzdem schläft er unruhig.

Mama lässt seine Schreibtischlampe brennen. Sie bringt ihm zu trinken, ohne dass er sie darum bitten muss. Ein paar Mal in der Nacht steht sie an seinem Bett und sieht ihn besorgt und liebevoll an. Solche Blicke hat sie sonst nur für Bennie.

Ist das Wirklichkeit, oder hat er das nur geträumt?

Am anderen Morgen kommt der Arzt schon früh und untersucht Andi gründlich.

»Und du weißt wirklich nicht, wer dich so zusammengeschlagen hat?«, fragt er wieder, als er fertig ist.

»Nein«, sagt Andi, »ich kenne die nicht.«

»Es wird immer schlimmer auf den Straßen«,

---

die Salbe, Creme, die kranke Haut gesund macht

sagt der Arzt. »Eine *Grippe* hast du auch noch bekommen. Aber zu Weihnachten bist du wieder gesund.«

Krankenbesuch

Ich will ja gar nicht schnell gesund werden, denkt Andi. Am liebsten würde ich nie wieder in die Schule gehen.

Mama ist so lieb zu ihm wie schon lange nicht mehr. Bennie schenkt ihm mittags die schönsten Bilder, die er im Kindergarten gemalt hat. Kerstin überspielt ihm ein paar Kassetten. Und sein Vater schimpft nicht, als er nach Hause kommt, und er fragt auch nicht mehr danach, wer ihn so verprügelt hat.

Einen Tag später kann Andi sein rechtes Auge wieder ein Stück aufmachen. Mit dem linken sieht er fast normal. Doch sein Gesicht ist voll von blauen Flecken.

Mittags klingelt es. Mama schiebt einen Jungen in sein Zimmer. Andi traut seinen Augen nicht.

»Henner?«, fragt er ungläubig und denkt: Was will der denn hier? Ausgerechnet der?

»Herr Becker schickt mich«, sagt Henner.

| *die Grippe*, Erkältungskrankheit mit Fieber

»Weil ich gleich bei dir um die Ecke wohne. Du sollst dir keine Sorgen machen wegen der Schularbeit.«

Er legt Andi einen Brief auf das Bett.

5 »Danke.« Andi schiebt ihn in den Comic, in

der Comic

dem er gerade gelesen hat. Er mag nicht mit Henner reden. Und er mag nicht, dass der seine blauen Flecken sieht.

»Dir geht es wohl noch ziemlich *mies*?«, 10 fragt Henner.

Andi nickt.

»Soll ich morgen wieder kommen?«

»Vielleicht«, antwortet Andi. Was soll er auch sagen? Dass er seine Ruhe haben möchte?

15 Als er allein ist, zieht er den Brief aus dem Comic und macht ihn auf.

Werde schnell wieder gesund, hat Herr Becker geschrieben und ihm schöne Ferien gewünscht. Und da steht auch seine Telefon-

| *mies*, sehr schlecht

nummer, wenn Andi ihn vielleicht doch anrufen will.

Henner kommt am nächsten Tag wieder. Er bringt einen Krimi und ein Spiel mit. Das Spiel macht Spaß, auch wenn sie nur zu zweit sind.
   Ab und zu fährt Henner sich durch die langen Haare. Eigentlich steht ihm die Frisur gar nicht schlecht, denkt Andi.
   »Warum hast du neulich so gegähnt, als du in unsere Klasse gekommen bist?«, fragt Andi plötzlich.
   »Warum?«, wiederholt Henner überrascht. »Weil ich todmüde war. So ein *Umzug* macht Arbeit.«
   »Du hast mitgeholfen?«
   »Klar«, antwortet Henner. »Wir leben allein, meine Mutter und ich. Da muss ich oft helfen. Wenn du wieder gesund bist, kannst du ja mal zu uns kommen. Dann koche ich etwas.«
   Der kann sogar kochen, denkt Andi.

Als Henner geht, fragt Andi noch schnell:
   »Sag mal, hast du in der Klasse erzählt, wie ich aussehe?«

| *der Umzug*, Wechseln der Wohnung

»Bist du verrückt?« Henner verdreht die Augen. »Das geht doch keinen etwas an. Und solange die mich Penner nennen, rede ich sowieso nicht mit denen.«

Andi ist froh, dass Henner nicht einmal fragt, woher die blauen Flecken kommen.

»Du bist kein Penner«, sagt er und ärgert sich, dass ihm nichts Besseres einfällt.

»Weiß ich.« Henner lacht.

Weihnachtsgruß von den Sharks

Am nächsten Morgen ist es mit dem Kranksein vorbei.

»Hör mal, Andi«, sagt Mama, »ich muss dich allein lassen. Ich will den Weihnachtsbaum kaufen. Bennie soll ihn aber nicht vorher sehen. Ich stelle ihn vorläufig in den Keller.«

Andi erschrickt. Was hat Mama gesagt? Weihnachtsbaum. Keller. Da habe ich doch die Walkmen versteckt. Wenn nun sein Vater den *Weihnachtsbaumständer* sucht? Und dabei die beiden Walkmen findet?

Vielleicht kommt der Baum erst am Weihnachtsabend in den Ständer. Aber Andi kann nicht sicher sein.

Andi steht auf. Er zieht seine Lederjacke über den Schlafanzug. Dann geht er in den

der Weihnachtsbaumständer

Keller. Nach den paar Tagen im Bett ist er unsicher auf den Beinen. Das Fieber ist auch nicht weg.

Er findet die Tüte mit den Walkmen sofort. Verdammt! Gleich neben dem Ständer. Da hat er noch mal Glück gehabt.

Wo soll er sie jetzt verstecken? So schnell wie möglich muss er sie zurückbringen. Ist er dann immer noch ein Dieb?

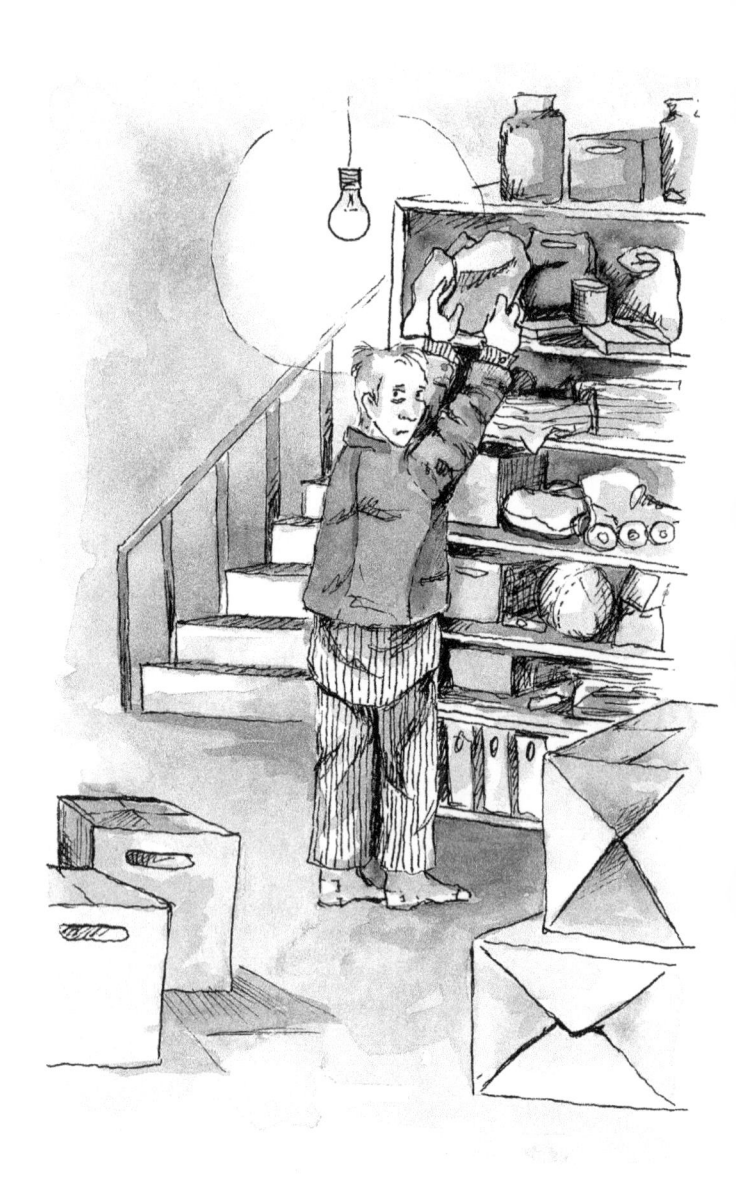

Andi geht wieder nach oben. Im Briefkasten liegt eine bunte Karte mit dem Weihnachtsmann. Die Karte ist für ihn. Für Andi Mellert.
Doch da steht noch mehr:
Wir haben Zeit! Schöne Weihnachtsfeier!

Ihm wird ganz heiß. Was hat er denn gedacht? Dass die Sharks ihn in Ruhe lassen? Sie wollen ihn fertig machen.

In seinem Zimmer setzt er sich erst mal auf das Bett. Ganz schwach fühlt er sich. Er zerreißt die bunte Weihnachtskarte und lässt sie im Klo verschwinden.
Und wo soll er die Plastiktüte mit den Walkmen verstecken? Unter dem Bett? Hinter dem Schrank? Er ist ganz durcheinander.
Vielleicht ist es am besten, die Tüte im Schrank zu verstecken. Die Weihnachtsgeschenke hat er auch da untergebracht: die Kassette für Kerstin, das Bilderbuch für Bennie, den Kriminalroman für seinen Vater und das Parfüm für Mama.
Er packt die Geschenke einfach alle mit in die Tüte. Dann schreibt er einen Zettel: Vorsicht! Weihnachtsgeschenke!
Zuletzt stellt er die Tüte ganz hinten in den Schrank.
Endlich kann er wieder ins Bett.

Nachmittags kommt Henner.

»Ferien!«, ruft er und ist richtig froh.

Andi und er spielen ein Spiel und reden. Am liebsten möchte Andi Henner die ganze Geschichte mit den Sharks erzählen. Aber dann müsste er auch das mit den Walkmen sagen.

Auf Weihnachten freut Andi sich überhaupt nicht. Henner wird ein paar Tage nicht kommen, denn Andis Vater meint, Weihnachten sei ein reines Familienfest.

Andi darf gar nicht daran denken!

Ach was, die paar Tage werden auch vorübergehen. Dann kann er sich wieder mit Henner treffen, so oft sie beide Lust dazu haben. Wenn Henner nur früher in meine Klasse gekommen wäre, denkt Andi. Dann hätte ich die verdammte Gang nicht so nötig gehabt!

Aber erst einmal sind drei Wochen lang Weihnachtsferien.

Ich habe geklaut, ich Vollidiot!

Dieses Jahr kann Andi die meiste Zeit in seinem Zimmer verbringen. Er hat kein Fieber mehr und fühlt sich viel besser.

»Du siehst noch so spitz aus im Gesicht«, sagt Mama. »Wir beide gehen mal ein bisschen an die Luft. Das tut dir sicher gut.«

Sie machen einen Spaziergang zum *zugefrorenen* See. Es ist kalt, doch Andi findet es schön, in der Sonne am See zu gehen. Der See wirkt im Winter viel größer, weil die Bäume um den See herum keine Blätter tragen.

Viele Kinder laufen *Schlittschuh*.

der Schlittschuh

»Das möchte ich auch«, sagt Andi.

»Warte lieber noch ein paar Tage!« Mama sieht ihn liebevoll an, wie so oft in den letzten Tagen.

Andi fühlt sich wohl, allein mit Mama.

Sie erlaubt ihm, dass er Henner am nächsten

---

zufrieren, ganz von Eis bedeckt werden

Tag besuchen darf. Oh, Mensch! Wenn es doch nur die Sharks nicht gäbe!

»Was nimmst du denn alles mit?«, fragt Mama, als sie Andi mit zwei Plastiktüten losziehen sieht.

»Henner hat mir einige von seinen Büchern gebracht. Die will ich ihm zurückgeben«, sagt Andi. Dass er zwei Walkmen eingepackt hat, kann er ja nicht sagen. Aber zurückbringen will er sie heute noch. Er will sie endlich los sein.

Im Kaufhaus ist es nicht so voll wie vor Weihnachten. Andi tut, als ob er sich etwas ansehen will. Dann lässt er die Tüte mit den beiden Walkmen in der Nähe einer Kasse stehen.

Er ist schon einige Schritte weg, als er eine Frau hinter sich rufen hört:

»He, junger Mann, hast du das hier vergessen?«

Andi erschrickt. Er will weglaufen.

Nein, denkt er, das geht nicht. Langsam dreht er sich um.

»Meinen Sie mich?«, fragt er.

»Klar!« Die Verkäuferin lacht.

»Nein«, sagt Andi schnell, »ich habe nichts vergessen.«

Er sieht, wie die Frau die Tüte nimmt, aber

er geht einfach weiter. Er geht und weiß doch, dass die Verkäuferin ihn gleich zurückrufen wird. Und dann wird sie den Hausdetektiv holen.

Sie werden Andi festhalten und ihn fertig machen. Wie den alten Mann, der geklaut hatte. Nein, viel schlimmer!

Und dann erst sein Vater! Der wird schrecklich schimpfen und wütend werden.

Andi geht und geht. Er fährt die Rolltreppe herunter und geht weiter. Es sind nicht seine Beine, die gehen. Es ist nicht sein Kopf, der denkt. Es muss jemand anders sein als Andi, der einfach aus dem Kaufhaus herausgeht und weiter und weiter durch die Straßen. Kalter Wind bläst ihm in das Gesicht.

An der Kirche bleibt er endlich stehen. Ihm ist kalt und er fühlt sich ganz zittrig. Niemand ist ihm gefolgt. Er kann es einfach nicht glauben.

Ich habe geklaut, ich Vollidiot, denkt er. Ich habe die Walkmen geklaut, weil ich zu Mikes Gang gehören wollte. Aber jetzt habe ich alles zurückgebracht.

Er holt noch ein paar Mal tief Luft. Dann geht er zu Henner.

Mein Vater erlaubt das nie!

»Ich habe auf dich gewartet!«, sagt Henner.
Andi kann sehen, dass Henner sich freut. Das ist ein schönes Gefühl.
Sie spielen Spiele, bis es Zeit wird für das Mittagessen. Andi hilft Henner beim Kochen und Tischdecken.
»Meine Mutter kommt mittags meistens für eine Stunde nach Hause«, sagt Henner.
»Und du kochst jeden Tag?«, fragt Andi.
»Nein, manchmal kocht Eva, manchmal ich. Oft machen wir das auch zusammen.«
Beim Kochen helfen macht mehr Spaß als Spielsachen aufräumen, denkt Andi.

Henners Mutter Eva ist in Ordnung. Sie redet ganz normal mit Andi. Sie tut nicht so, als wäre man erst mit achtzehn oder noch später ein richtiger Mensch. Er fühlt sich wohl mit ihr und Henner.
»Kannst du nicht *Silvester* mit uns feiern?«, fragt Henner.
»Ich kann auch deine Eltern darum bitten«, sagt Eva, »ich möchte sie gern kennen lernen.«
Du und meine Eltern, ihr passt kein bis-

| *Silvester*, der letzte Tag des Jahres

schen zusammen, denkt Andi. Er sieht von Eva zu Henner.

Nichts würde er lieber tun, als mit den beiden Silvester feiern. Aber er schüttelt den Kopf.

»Nein«, murmelt er, »mein Vater erlaubt das nie.«

Bennie sitzt mitten in der Wohnung auf seinem *Schlitten*, als Andi nach Hause kommt.

der Schlitten

»Wir fahren in die Berge, auf eine Hütte«, schreit der Kleine.

»Ein Kollege hat uns eingeladen, Silvester mit seiner Familie zu feiern«, erklärt der Vater. »Ich konnte schlecht Nein sagen. Vielleicht wird es auch schön. Silvester so richtig im Schnee, oder?«

Mama mag die Berge. Kerstin auch. Andi ist der Einzige, der sich kein bisschen auf Silvester freut.

Aber dann hat er Glück! Der Arzt meint, dass eine Fahrt in die Berge noch zu anstrengend für Andi ist.

»Und was jetzt?«, fragt Mama. »Wir können dich doch nicht allein zu Hause lassen.«

Da erzählt Andi von Eva. Dass sie und Henner ihn eingeladen haben.

»Ob man das annehmen kann?« Sein Vater ist unsicher.

»Warum eigentlich nicht?«, sagt Mama. »Der Henner ist so ein netter Junge.«

Eva kommt extra zu Andi nach Hause. Sie sitzt im Wohnzimmer und redet mit seinen Eltern.

Jung sieht sie aus. Viel jünger als seine Eltern. Aber sie kann mit ihnen umgehen, das sieht Andi sofort.

Nein, seine Eltern haben nichts mehr dagegen, dass er Silvester bei Eva und Henner ist.

»Eine nette Frau«, sagt Mama, nachdem Eva gegangen ist.

»Und tüchtig«, meint Vater. »Sie hat eine gute Stelle bei der Zeitung.«

Andi hat Angst, dass sich die Sharks wieder melden. Aber er hört nichts von ihnen. Keiner droht ihm. Es kommt keine Post. Vielleicht lassen sie mich in Ruh, denkt er.

Ein neues Jahr beginnt

Am Silvestermorgen bringt Mama Andi zu Eva und Henner. Es ist ein klarer, kalter Tag. Der Schnee *glitzert* in der Sonne.

Mittags gehen Eva, Henner und Andi zum See.

»Wir bleiben besser nicht zu lange draußen«, sagt Eva zu Andi, »das musste ich deinen Eltern versprechen.«

Es ist Andi gleichgültig, was sie machen. Hauptsache, er kann mit Henner und Eva zusammen sein.

Abends kochen sie chinesisch.

»Und nachher gibt es noch *Bratäpfel*, gar nicht chinesisch, aber wie bei meiner Großmutter«, sagt Eva. »Wir haben Silvester immer bei ihr gefeiert, als ich ein Kind war. Die ganze große Familie zusammen.«

Eva erzählt noch eine ganze Menge aus ihrer Kindheit. Sie sieht aus, als wünschte sie sich zu den alten Zeiten zurück.

Um Mitternacht gehen sie alle drei auf den Balkon. Die Wohnung liegt im neunten Stock eines Hochhauses. Man hat einen weiten

---

glitzern, sehr hell leuchten
der Bratapfel, Apfel mit süßer Füllung im Ofen gebraten

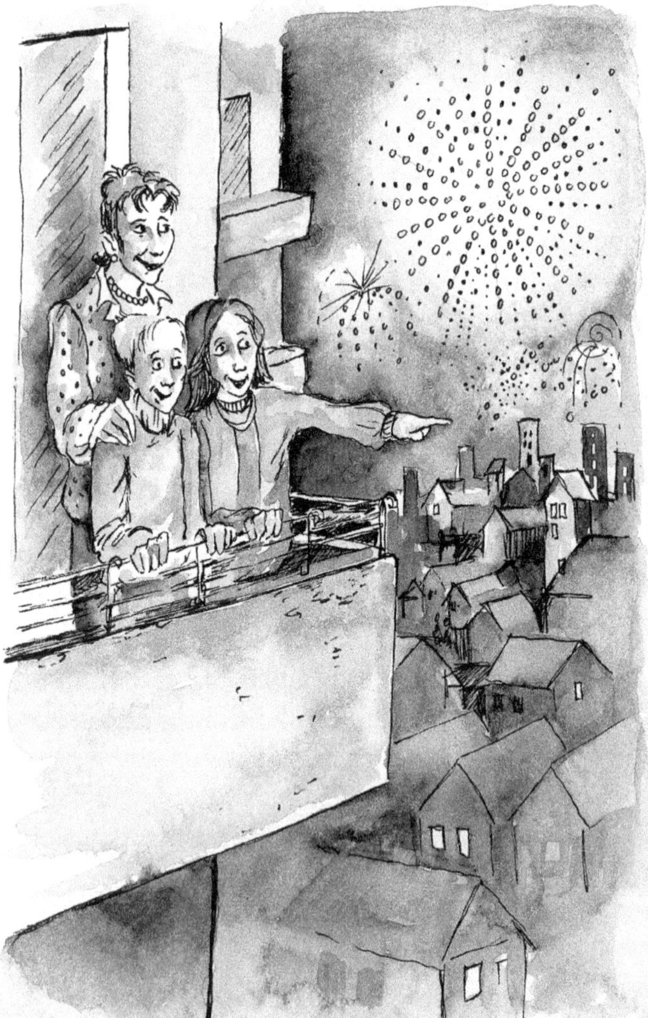

Blick über die Stadt. Der Himmel über ihnen ist nah und ganz hell.
Als die *Kirchenglocken* läuten, fühlt Andi sich feierlich. Ein neues Jahr!

die Kirchenglocke

Er denkt einen Moment lang an seine Familie. Er sieht sie alle vier deutlich vor sich. Irgendwo in den Bergen beginnt jetzt auch für sie das neue Jahr. Andi kann ganz ohne Wut an sie denken.

Die Jungen haben in Henners Zimmer zwei *Matratzen* nebeneinander auf den Boden gelegt. Sie wollen noch lange wach bleiben.

die Matratze

Aber dann verstummt Henner plötzlich mitten im Satz. Andi lässt ihn schlafen. Und es dauert nicht lange, da fallen auch ihm die Augen zu.

5 Als sie am Neujahrsmorgen aufwachen, ist fast Mittag. In der Küche finden sie einen Zettel von Eva: Ich brauche frische Luft. Macht euch selbst etwas zu essen.

»Deine Mutter ist in Ordnung«, sagt Andi.
10 »Bei euch ist alles total *locker*.«

»Ja«, antwortet Henner, »stimmt schon, Eva ist in Ordnung. Aber wir haben es nicht immer leicht miteinander.«

Er beißt sich auf die Lippen und fährt mit
15 der Hand durch die Haare.

»An Feiertagen kriegt sie meistens den *Koller*. Weihnachten war es genauso.«

»Und warum?«

Henner denkt lange nach.

20 »Es war immer ihr Traum, eine große Familie zu haben. Viele Kinder. Aber daraus wurde nie etwas.«

Henners Stimme ist traurig.

»Sie ist nie verheiratet gewesen. Meinen
25 Vater sehen wir nur alle hundert Jahre. Und

---

locker, hier: ohne strenge Regeln
der Koller, hier: Stimmung von Traurigkeit

ich glaube, sie verliebt sich immer wieder in die falschen Männer.«

Da geht die Wohnungstür. Eva kommt in die Küche.

»Schön ist es draußen«, sagt sie. »Genauso schön wie gestern.« Sie macht sich einen Kaffee.

Und dann spielen sie zu dritt ein Spiel, stundenlang.

Irgendwann ist der Neujahrstag zu Ende. Auch der zweite Januar.

Als Andi abends von Mama abgeholt wird, ist auch zu Hause gute Stimmung. Der kurze Ausflug in die Berge war für sie alle wunderschön.

Kerstin ist still und träumt vor sich hin.

Bennie redet pausenlos vom Schlittenfahren und vom Schneemann, den sie gebaut haben, Kerstin, Sören und er. Aha, denkt Andi. Er heißt Sören. Ob das eine richtige Liebesgeschichte wird?

Mama erzählt vom Sternenhimmel in der Silvesternacht.

Sogar Vater ist fröhlich und redet mit Andi mehr als in den ganzen letzten Wochen zusammen.

Ich freue mich nicht auf die Schule

Das alte Jahr hat doch noch gut aufgehört und das neue gut angefangen. Bis zum Schulanfang sind nur noch vier Tage.

Die Feiertage *rennen* davon. Andi und Henner sind dauernd zusammen, aber Henner ist irgendwie anders. Er wirkt unglücklich. Andi versteht das nicht. Die ganzen Ferien sind sie doch so gut miteinander klar gekommen.

»Sag doch, wenn du keine Lust mehr hast«, sagt er ärgerlich. »Oder was ist auf einmal los?«

Erschrocken guckt Henner ihn an.

»Na ja, ich bin nicht so gut drauf im Augenblick. Ich freue mich eben nicht besonders auf die Schule«, sagt er heftig, »ich habe mir das mit der neuen Klasse viel leichter vorgestellt.«

»Das tut mir Leid«, antwortet Andi, »aber mir geht es genauso.« Er denkt an die Sharks.

Henner schüttelt den Kopf.

»Du bist doch kein Neuer, kein *Außenseiter* wie ich.«

Du hast keine Ahnung, denkt Andi. Bei mir ist alles viel schlimmer. Aber ich will nicht, dass du das weißt.

Andi ist froh, dass er Henner hat. Es ist gut,

---

rennen, schnell laufen
der Außenseiter, jemand, der nicht dazu gehört

einen Freund zu haben, auch wenn der mal nicht gut drauf ist. Er hat weniger Angst vor den Sharks, weil sein neuer Freund mit ihm in eine Klasse geht.

Und vielleicht, hofft er, vielleicht lassen die Sharks mich endlich in Ruhe. Dauernd können sie mich ja nicht zusammenschlagen.

Hier wohnt ein Dieb!

Aber da hat *sich* Andi *verrechnet*.

Am letzten Ferientag hört er seinen Vater morgens früh das Auto starten. Andi gähnt und dreht sich im Bett auf die andere Seite. Heute kann er noch ausschlafen.

Auf einmal hört er Vaters Stimme.

»Was hat das zu bedeuten?«, schreit er. Und schon steht er in Andis Zimmer.
Er steht groß und drohend vor seinem Bett.

»Komm sofort raus und guck dir das an! Ich will wissen, was das bedeutet.« Seine Stimme ist böse. Und dann stürzt er wieder aus dem Zimmer.

Andi zittert. Er fühlt sich wie erstarrt. Er kann kaum aufstehen und sich anziehen. Was seinen

| *sich verrechnen*, hier: etwas glauben, aber nicht Recht bekommen

Vater so wütend macht, muss schlimm sein.

Und Andi weiß, dass das nur von den Sharks kommen kann.

Die Haustür ist weit offen. Andi geht langsam nach draußen. Sein Vater steht vor dem Haus und starrt an die Wand.

Andi will nicht sehen, was sein Vater sieht.

»Guck es dir an!«, schreit der wieder.

»Hier wohnt ein Dieb«

Steht dick und rot auf der weißen Hauswand. Die Farbe läuft von den Buchstaben herunter.

»Das ist eine Schweinerei!«, schreit der Vater. »Damit bist du gemeint. Oder?«

»Ich weiß nicht«, antwortet Andi leise.

»Nein, du weißt nicht. Du weißt nie etwas. Nicht, wer dich zusammengeschlagen hat! Woher sollst du das auch wissen? Und du weißt nicht, wer das auf unsere Wand gemalt hat. Aber ich kriege das schon raus!«

Mama versucht, ihren wütenden Mann zu beruhigen. Er sieht auf seine Uhr, springt ins Auto.

»In siebzehn Jahren ist er noch nie zu spät zur Arbeit gekommen«, sagt Mama.

Andi ist *verzweifelt*. Was soll er tun, wenn sein Vater alles erfährt? Und Herr Becker? Und Eva und Henner?

»Junge?«, fragt Mama traurig. »Was ist mit dir los?«

»Ich weiß nicht!«, schreit Andi.

»Komm erst mal hinein«, sagt sie leise, »hier draußen ist es viel zu kalt für dich.«

Als Mama in die Küche geht, nimmt Andi seine Lederjacke und rennt aus dem Haus.

»Hier wohnt ein Dieb«
Die rote Farbe ist weiter nach unten gelaufen.

Andi rennt, als wäre jemand hinter ihm her. Plötzlich steht er vor dem Hochhaus, in dem Henner und Eva wohnen.

Nein, denkt er, ich kann da jetzt nicht klingeln.

Stundenlang läuft er durch die Stadt. Er weiß nicht, wo er ist. Er liest Straßennamen, die er vorher nie gehört hat. Ab und zu geht er in ein größeres Geschäft, wo sich niemand um ihn kümmert und wärmt sich auf.

Das Wetter passt nicht zu Andis Gedanken.

| *verzweifelt*, sehr unglücklich

Zu seinen Gefühlen schon gar nicht. Die Sonne scheint wie an Silvester und bringt den Schnee zum Glitzern.

Silvester? Neujahr? Es kommt ihm vor, als
5 wäre das schon hundert Jahre her!

Morgen fängt die Schule an.

Was soll er seinem Vater bloß sagen? Kann er überhaupt wieder nach Hause? Jetzt werden sie noch wütender sein, weil er einfach wegge-
10 laufen ist.

Er will sich eine Cola kaufen. Hunger hat er keinen. Er sucht in seinen Jackentaschen nach Kleingeld und findet einen Zettel.

Oh Mann! Das ist der Brief von Herr
15 Becker. Den hat er selbst in die Tasche gesteckt. Und wenn er ihn mal anruft? Ihm einfach sagt, was passiert ist?

Andi ruft aus einem Telefonhäuschen an. Jetzt soll bloß nicht Beckers Frau ans Telefon
20 kommen!

»Becker.«

Andi kriegt keinen Ton heraus.

»Hallo, hören Sie mich?«, fragt Herr Becker.

»Ja«, sagt Andi. »Ich bin es. Andi. Andi Mel-
25 lert aus Ihrer Klasse … Ich … ich wollte …«

Er weiß nicht, wie er es sagen soll.

»Andi«, sagt Herr Becker, »schön, dass du anrufst. Bist du wieder gesund?«

»Ja«, sagt Andi, »ja, nein … «
»Wie?«, fragt Herr Becker freundlich. »Stimmt was nicht, Andi? Sag es doch, ich höre dir zu.«
»Ich weiß nicht«, sagt Andi verzweifelt.
»Komm zu mir nach Hause«, sagt Herr Becker. »Oder warte. Wo bist du? Ich hole dich ab.«
Andi gibt keine Antwort.

An einer Brücke bleibt Andi stehen und guckt lange hinunter ins Wasser. Hier haben sie früher oft Blätter heruntergeschmissen, Kerstin und er.
Wenn ich da hineinspringe, denkt Andi, dann ist alles vorbei. Dann kann mir keiner mehr was tun.
Hier wohnt ein Dieb!
Hier wohnt ein Dieb!
Er starrt und starrt ins Wasser. Wie kalt es wohl ist? So kalt wie heute war ihm noch nie in seinem Leben. Aber der Fluss?
Und wenn jetzt jemand käme und sagen würde …
Natürlich kommt niemand und holt ihn hier weg.
Wie lange dauert das wohl, bis ich tot bin? Am Anfang schwimme ich vielleicht. Aber die eisige Kälte, da hält man nicht lange durch.

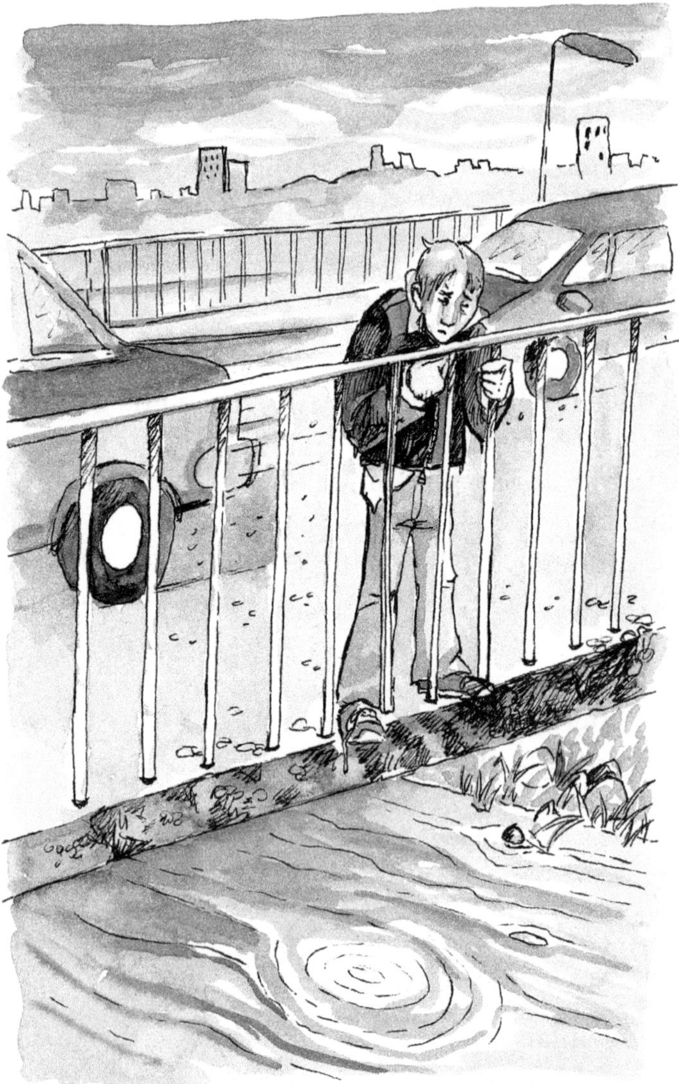

Wasserleichen sollen schrecklich aussehen. Und das alles bloß, weil die Sharks ...

Die Sharks?

Andi hört in sich hinein, als könnten seine Gefühle eine Antwort geben. Aber da kommt nichts. In ihm sind nur wilde Gedanken und Angst.

Langsam, ganz langsam verwandelt sich seine Verzweiflung in eine heftige Wut. So wütend ist er noch nie gewesen.

»Nein«, sagt er laut, er schreit es fast, »ich bin doch nicht verrückt! Ich will doch nicht sterben. Und schon gar nicht so!«

Er nimmt Schnee von der Straße und macht einen dicken Ball daraus. Dann schmeißt er ihn in den Fluss und rennt los.

---

die Wasserleiche, toter Körper von einem Menschen, der schon lange im Wasser liegt

Und das nennt ihr Mut?

Er läuft ohne Pause. In die Elisabethstraße zehn. Zu Mike. Er kennt die Adresse. Aber er ist noch nie dort gewesen.

Eine Frau öffnet ihm, nachdem er schon
5 zweimal geklingelt hat. Das muss Mikes Mutter sein. Unfreundlich guckt sie ihn an.

»Ich bin Andi Mellert aus Mikes Klasse«, sagt er schnell. »Ich muss mit Mike sprechen.«

»So? Musst du?« Die Frau guckt auf Andis
10 nasse Schuhe.

»Ja«, sagt er.

Die Frau schüttelt den Kopf. Aber dann lässt sie ihn hinein. Sie zeigt auf eine Tür.

Andi klopft.
15 »Ja?«, Mikes Stimme ist ärgerlich. Andi macht trotzdem die Tür auf.

Das Zimmer ist ganz klein und dunkel. Mike liegt auf dem Bett. Langsam nimmt er die *Kopfhörer* ab.

der Kopfhörer

»Was willst du hier? Habe ich dich vielleicht eingeladen?«

»Ihr sollt mich endlich in Ruhe lassen!« Andi wundert sich über seine eigene Stimme. Er sieht Mike an.

Nein, er hat keine Angst mehr. Vor Mike schon gar nicht. Es ist, als ob er alle Angst auf der Brücke am Fluss gelassen hätte.

»Jetzt hör mir mal zu.« Er geht einen Schritt näher zum Bett.

»Nicht so laut«, sagt Mike, und es klingt wie eine Bitte. »Meine Mutter muss ja nicht alles mithören, oder?«

Andi erkennt den Mike aus der Schule nicht wieder. Und sich selbst kennt er auch nicht mehr.

»Was soll das Ganze eigentlich?«, fragt er. »Erst die Zettel mit den Drohungen, dann schlagt ihr mich zusammen. Die Weihnachtskarte und jetzt das an unserem Haus. Das ist doch verrückt! Hört doch endlich auf damit!«

Mike spielt mit den Kopfhörern.

»Du hast doch die Walkmen geklaut oder nicht?«

»Ich war dumm genug«, antwortet Andi, »dass ich überhaupt bei euch mitgemacht habe. Ich wollte in eure Gang, ja. Aber das ist zu viel.«

»Und was ist mit den Walkmen?«, fragt Mike und lacht laut.

»Die habe ich alle zurückgebracht.«

»Kann ja keiner wissen«, sagt Mike, »wir haben gedacht, vielleicht ist das interessant für deinen Vater.«

»Mensch«, sagt Andi. »Und das sagst du! Ihr klaut doch alle. Und das nennt ihr Mut! Wenn ihr so weiter macht, dann kriegt ihr den Ärger!«

»Hör bloß auf!« Mike guckt ängstlich zur Tür.

»Wenn jemand deiner Mutter von den Sharks erzählen würde! Das wäre vielleicht auch interessant!«

Mike weiß wohl nicht, was er sagen soll. Langsam setzt er die Kopfhörer wieder auf.

Der ist kein King! Der doch nicht, denkt Andi, als er geht. Mikes Mutter starrt hinter Andi her ohne ein Wort zu sagen.

Ich bin nicht mehr allein

Mama macht ihm die Tür auf. Er sieht, dass sie geweint hat. Hilflos steht er vor ihr. Da nimmt sie ihn in die Arme.

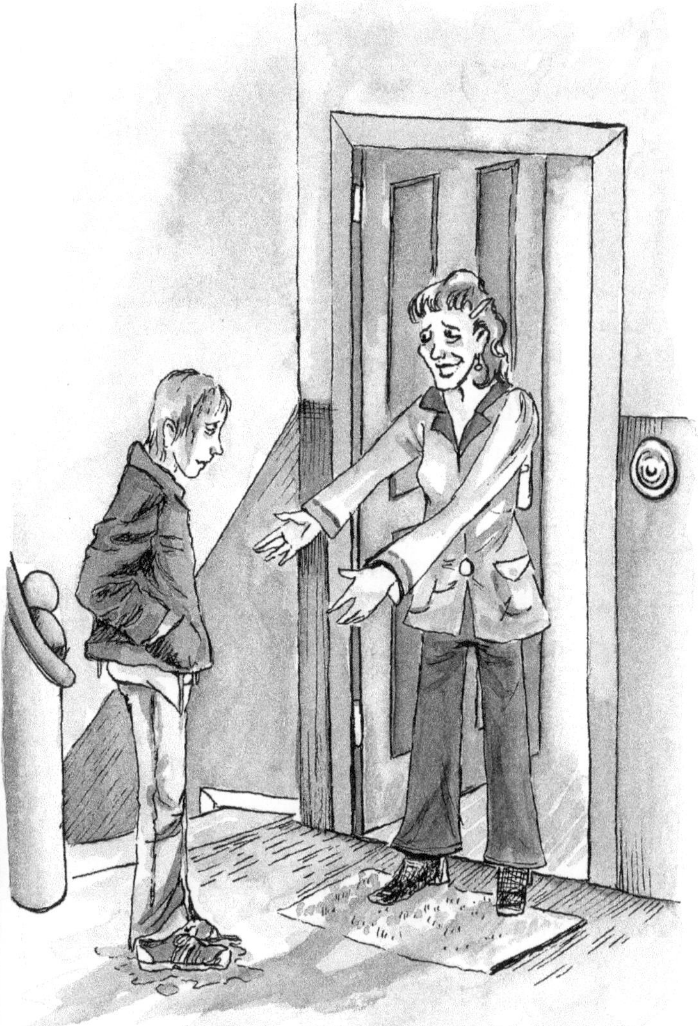

»Junge«, sagt sein Vater. »Wir hatten solche Angst!«

Im Wohnzimmer sitzen eine Menge Leute: ein Polizist, Herr Becker, Eva und Henner und Kerstin.
Andi kann gar nicht glauben, wie sich alle freuen, dass er wieder da ist. Was aber, wenn sie wissen, warum er den ganzen Tag *unterwegs* war? Das muss er jetzt hinter sich bringen, schnell, genau wie die Sache mit Mike.
Und er fängt sofort an zu reden, zieht nicht einmal seine Jacke aus.

Zuerst geht es nur langsam und *stockend*, weil alle ihm aufmerksam zuhören. Ab und zu wird seine Stimme unsicher, aber er erzählt trotzdem von der Gang und von den Mutproben. Nichts lässt er weg.
Sein Vater bekommt einen roten Kopf und will ihn immer wieder unterbrechen. Aber Mama sagt bestimmt:
»Lass ihn reden. Es war schlimm genug.«
Henner starrt Andi mit großen Augen an.
»Mensch!«, sagt Kerstin.
Herr Becker sieht traurig aus.
»Ich habe schon so etwas geahnt«, sagt er,

unterwegs, auf dem Weg, nicht zu Hause
stockend, mit Unterbrechungen sprechen

»aber ich konnte nichts herausbekommen. Und der Mike ist eigentlich ein armer Kerl.«

Das weiß Andi seit heute Abend auch.
»Wir reden noch über die Sache«, sagt sein Vater, aber so böse wie heute morgen ist er nicht mehr.
Eva nimmt Andi ganz fest in die Arme, bevor sie geht, und Henner sagt:
»Du machst vielleicht Sachen!«

Andi möchte ihn am liebsten fragen, ob er trotzdem sein Freund bleiben will. Aber er kriegt das nicht über die Lippen.
»Bis morgen!«, sagt Henner. »Wir könnten zusammen in die Schule gehen. Soll ich dich abholen?«
Andi nickt. Wir, sagt er zu sich selbst. Wir zusammen.

Andi liegt in der Badewanne. Schon seit einer halben Stunde. Damit er nicht wieder eine Grippe bekommt, sagt Mama.
Wie im Film ziehen die letzten Wochen an ihm vorbei. Doch die Bilder machen ihm keine Angst.
Ich werde mit den Sharks schon fertig, denkt er. Allein bin ich auch nicht mehr. Jetzt habe ich Henner. Und wenn es schlimm wird,

kann ich zu Herrn Becker gehen.

Auf einmal muss Andi lachen. Er ist kein Dummkopf. Das hat er heute endlich verstanden. Und sein Vater wird es auch noch merken.

Wenn ich wirklich in den Fluss gesprungen wäre, oh Mann, denkt Andi. Er streckt sich in der Badewanne *gemütlich* und lässt noch einmal heißes Wasser nachlaufen.

gemütlich, so dass man sich wohl fühlt

Fragen zu Kapitel 1
1. Warum findet es Andi gut, dass im Kaufhaus so viele Menschen sind?
2. Wieso meint Andi, dass er kein Dieb ist?
3. Warum wird ein alter Mann von einem Ehepaar festgehalten?
4. Was wird wohl mit dem alten Mann geschehen?

Fragen zu Kapitel 2
1. Warum geht Andi nicht nach Hause?
2. Wie denkt er über seine große Schwester Kerstin?
3. Weshalb muss er an Bennies Feuerwehrauto denken?
4. Warum hatte er das Auto kaputt gemacht?

Fragen zu Kapitel 3
1. Wie reagieren die Sharks, als Andi den geklauten Walkman auf den Tisch legt?
2. Warum will keiner von ihnen den Walkman haben?
3. Was ist eine Mutprobe?
4. Warum geht Andi wieder ins Kaufhaus?
5. Wovon träumt Andi, als er auf seinem Bett liegt?

Fragen zu Kapitel 4
1. Was hofft Andi, als er ins Klassenzimmer geht?
2. Womit drohen ihm die Sharks?
3. Was meint Andi über den neuen Schüler?
4. Woran denkt Andi, als er den Aufsatz schreiben soll?
5. Was wünscht er sich?
6. Warum kann er Herrn Becker nichts sagen?

Fragen zu Kapitel 5
1. Was geschieht mit Andi nach der Schule?
2. Wie reagieren seine Eltern?
3. Was hat der Arzt vor?
4. Warum erzählt Andi nicht, wer ihn so zusammengeschlagen hat?

Fragen zu Kapitel 6
1. Wie geht es Andi in den nächsten Tagen?
2. Warum freut sich Andi nicht, als Henner ihn besucht?
3. Wie geht es am nächsten Tag, als Henner kommt?
4. Was meint Andi, wenn er zu Henner sagt: »Du bist kein Penner!«?

Fragen zu Kapitel 7
1. Warum geht Andi in den Keller?
2. Wie reagiert er auf die Weihnachtskarte von den Sharks?
3. Wieso freut er sich nicht auf Weihnachten?
4. Weshalb wird Henner über Weihnachten nicht kommen?

Fragen zu Kapitel 8
1. Warum will Andis Mutter mit ihm spazieren gehen?
2. Was erlaubt sie ihm?
3. Wie wird er die geklauten Walkmen wieder los?
4. Wie viel hat die Verkäuferin gesehen?
5. Wovor hat er Angst?

Fragen zu Kapitel 9
1. Wie findet Andi Henners Mutter Eva?
2. Wozu laden Eva und Henner ihn ein?
3. Welche Pläne haben Andis Eltern für Silvester?
4. Warum darf Andi Silvester bei Eva und Henner verbringen?

Fragen zu Kapitel 10
1. Beschreibe, wie Eva, Henner und Andi den Abend verbringen.
2. Worüber reden Andi und Henner am nächsten Morgen?
3. Wie gefiel es Andis Eltern und Geschwistern in den Bergen?

Fragen zu Kapitel 11
1. Warum ist Henner unglücklich?
2. Was kann Andi ihm nicht erzählen?
3. Was hofft Andi?

Fragen zu Kapitel 12
1. Was haben die Sharks getan?
2. Wie reagiert Andi auf die Wut seines Vaters?
3. Warum will er nicht, dass Herr Becker ihn abholt?
4. Woran denkt er, als er auf der Brücke steht?
5. Beschreibe, wie sich seine Angst verwandelt.

Fragen zu Kapitel 13
1. Warum will Andi plötzlich mit Mike sprechen?
2. Wovor hat Mike Angst?
3. Woher hat Andi den Mut, so mit Mike zu sprechen?

4. Was meint er mit dem Satz: »Und das nennt ihr Mut«?

Fragen zu Kapitel 14
1. Warum will Andi alles schnell hinter sich bringen?
2. Wie reagieren die anderen auf das, was er erzählt?
3. Worüber freut sich Andi besonders?
4. Was will Andi seinem Vater zeigen?

Sprachübungen

A. Setze die richtige Form von *haben* oder *sein* ein:

1. Die Kunden .... keine Zeit.
2. Die Verkäuferinnen .... genervt.
3. Andi .... eine Schwester und einen Bruder.
4. Henner .... der neue Schüler in seiner Klasse.
5. Bennie fragt, » .... ihr jetzt Ferien?«
6. »Ja«, sagt Andi, »wir .... drei Wochen Ferien.«
7. Morgen .... Weihnachten und in einer Woche .... Silvester.
8. Eva .... in Ordnung.

9. Sie .... eine gute Stellung.
10. Andi und Henner .... Freunde.
11. Mike .... der King bei den Sharks.
12. Andi, Henner und Eva .... eine schöne Zeit.
13. Er .... kein Fieber mehr.
14. Die Eltern .... Angst.
15. Andi .... weg.
16. »Wo .... du?«, fragt Herr Becker.
17. Im Wohnzimmer .... viele Leute.
18. Kerstin fragt, » .... ihr beide in einer Klasse?«
19. »Ja«, sagt Henner, »wir .... in einer Klasse.«
20. Ich .... kein Dummkopf, denkt Andi.

B. Bilde das Präteritum:

1. Er sieht sich den Preis an.
2. Die Verkäuferin sagt etwas zu der Kundin.
3. Ein junger Mann verkauft auch.
4. Andis Herz klopft.
5. Aber niemand bemerkt ihn.
6. Und niemand folgt ihm.
7. Mama beruhigt den kleinen Bruder.
8. Später stellt Andi die Plastiktüte zurück.
9. Andi rührt den Zettel nicht an.
10. Der Arzt untersucht ihn gründlich.

C. Bilde das Präsens:

1. Mama schob einen Jungen ins Zimmer.
2. Die Frisur stand ihm gut.
3. Henner ging erst nach vielen Stunden und am nächsten Tag kam er wieder.
4. Am See liefen die Kinder Schlittschuh.
5. Der Vater schrie und stand plötzlich im Zimmer.
6. Niemand kam auf die Brücke.
7. Nur Autos fuhren vorbei.
8. Herr Becker war traurig.
9. Andi zog nicht einmal seine Jacke aus.
10. Er lag lange Zeit in der Badewanne.

D. Setze *der, die* oder *das* ein:

1. Im Kaufhaus sind .... Verkäuferinnen genervt.
2. Andi dreht .... Preisschild(n) herum.
3. .... alte Mann weint beinahe.
4. Andi geht in .... falsche Richtung.
5. Später bringt er .... Tüte mit dem Walkman zurück.
6. Andi will nicht an .... Feuerwehrauto denken.
7. Bei den Schülern ist Mike .... King.
8. Herr Becker ist .... Klassenlehrer.
9. .... Spiel(n) mit Henner macht Spab.

10. Eine Fahrt in .... Berge ist zu anstrengend für Andi.
11. Eva hat eine Stellung bei .... Zeitung.
12. Er macht .... Tür auf.
13. Im Wohnzimmer sitzt .... ganze Familie.

Weitere Übungen und Anregungen
unter www.easyreaders.eu

EASY READERS *Dänemark*
ERNST KLETT SPRACHEN *Deutschland*
EMC CORP. *USA*
EUROPEAN SCHOOLBOOKS PUBLISHING LTD. *England*

Ein Verzeichnis aller bisher erschienenen EASY READERS in deutscher Sprache finden Sie auf der vorletzten Umschlagseite.
Diese Ausgabe ist gekürzt und vereinfacht und ist damit für den Deutschlernenden leicht zu lesen.
Die Wortwahl und der Satzbau richten sich - mit wenigen Ausnahmen - nach der Häufigkeit der Anwendung und dem Gebrauchswert für den Leser.
Weniger gebräuchliche oder schwer zugängliche Wörter werden durch Zeichnungen oder Fußnoten in leicht verständlichem Deutsch erklärt.
EASY READERS sind unentbehrlich für Schule und Selbststudium.
EASY READERS sind auch auf Französisch, Englisch, Spanisch, Italienisch und Russisch vorhanden.

EASY READERS BISHER ERSCHIENEN:
Andreas Schlüter: Die Stadt der Kinder (B)
Angelika Mechtel: Flucht ins fremde Paradies (C)
Anonym: Till Eulenspiegel (A)
Christoph Wortberg: Novembernacht (B)
Erich Kästner: Das doppelte Lottchen (A)
Erich Kästner: Der kleine Grenzverkehr (D)
Erich Kästner: Drei Männer im Schnee (C)
Erich Kästner: Emil und die Detektive (B)
Erich Kästner: Mein onkel Franz (A)
Gerhard Eikenbusch: Und jeden Tag ein Stück weniger von mir (B)
Gottfried August Bürger: Münchhausens Abenteuer (A)
Gregor Tessnow: Knallhart (C)
Gudrun Pausewang: Die Wolke (B)
Hansjörg Martin: Kein Schnaps für Tamara (B)
Heinrich Spoerl: Man kann ruhig darüber sprechen (B)
Herbert Reinecker: Der Kommissar lässt bitten (B)
Herbert Reinecker: Fälle für den Kommissar (C)
Inge Meyer-Dietrich: Und das nennt ihr Mut (A)
Inge Scholl: Die weisse Rose (B)
Jana Frey: Sackgasse Freiheit (C)
Jo Hanns Rösler: Gänsebraten (A)
Johanna Spyri: Heidi (0)
Marie Luise Kaschnitz: Kurzgeschichten (B)
Marliese Arold: Ich will doch leben! (C)
Michael Ende: Lenchens Geheimnis (A)
Otfried Preußler: Krabat (C)
Otto Steiger: Einen Dieb fangen (B)
Peter Härtling: Ben liebt Anna (A)
Peter Härtling: Paul, das Hauskind (B)
Siegfried Lenz: Das Feuerschiff (B)
Siegfried Lenz: Lotte soll nicht sterben (A)
Stefan Zweig: Novellen (C)
Susanne Clay: Der Feind ganz nah (C)
Thomas Brussig: Am kürzeren Ende der Sonnenallee (C)
Ursula Fuchs: Wiebke und Paul (A)
Uwe Timm: Am Beispiel meines Bruders (C)

Alle Titel finden Sie auf **easyreaders.eu**.